BEI GRIN MACHT SICH IHR WISSEN BEZAHLT

- Wir veröffentlichen Ihre Hausarbeit, Bachelor- und Masterarbeit

- Ihr eigenes eBook und Buch - weltweit in allen wichtigen Shops

- Verdienen Sie an jedem Verkauf

Jetzt bei www.GRIN.com hochladen und kostenlos publizieren

Bibliografische Information der Deutschen Nationalbibliothek:

Die Deutsche Bibliothek verzeichnet diese Publikation in der Deutschen Nationalbibliografie; detaillierte bibliografische Daten sind im Internet über http://dnb.d-nb.de/ abrufbar.

Dieses Werk sowie alle darin enthaltenen einzelnen Beiträge und Abbildungen sind urheberrechtlich geschützt. Jede Verwertung, die nicht ausdrücklich vom Urheberrechtsschutz zugelassen ist, bedarf der vorherigen Zustimmung des Verlages. Das gilt insbesondere für Vervielfältigungen, Bearbeitungen, Übersetzungen, Mikroverfilmungen, Auswertungen durch Datenbanken und für die Einspeicherung und Verarbeitung in elektronische Systeme. Alle Rechte, auch die des auszugsweisen Nachdrucks, der fotomechanischen Wiedergabe (einschließlich Mikrokopie) sowie der Auswertung durch Datenbanken oder ähnliche Einrichtungen, vorbehalten.

Impressum:

Copyright © 2016 GRIN Verlag, Open Publishing GmbH
Druck und Bindung: Books on Demand GmbH, Norderstedt Germany
ISBN: 9783668578838

Dieses Buch bei GRIN:

http://www.grin.com/de/e-book/381400/neuromarketing-manipulation-unserer-einzigen-konstante-dem-gehirn

Lea Fussenecker

Neuromarketing. Manipulation unserer einzigen Konstante - dem Gehirn?

GRIN Verlag

GRIN - Your knowledge has value

Der GRIN Verlag publiziert seit 1998 wissenschaftliche Arbeiten von Studenten, Hochschullehrern und anderen Akademikern als eBook und gedrucktes Buch. Die Verlagswebsite www.grin.com ist die ideale Plattform zur Veröffentlichung von Hausarbeiten, Abschlussarbeiten, wissenschaftlichen Aufsätzen, Dissertationen und Fachbüchern.

Besuchen Sie uns im Internet:

http://www.grin.com/

http://www.facebook.com/grincom

http://www.twitter.com/grin_com

Seminararbeit
zum Thema

Neuromarketing
Manipulation unserer einzigen Konstante-dem Gehirn?

Inhaltsverzeichnis

1.	Einleitung	Seite 1
2.	Hauptteil	Seite 3
2.1	Was ist Neuromarketing?	Seite 3
2.2	Die Markenforschung	Seite 4
2.3	Marketingmaßnahmen	Seite 6
2.4	Neuromarketing in der Praxis	Seite 11
4.	Fazit	Seite 11
5.	Anhang	Seite 12
6.	Literaturverzeichnis	Seite 14

1. Einleitung

Nachdem wir in unserem Seminarkurs eine Grundlegende Einführung in das Thema Unternehmensbildung und Unternehmensführung bekommen haben, habe ich mich bei einem Brainstorming, indem es darum ging, ein geeignetes Thema für unsere Seminararbeit zu finden, für den Schwerpunkt Marketing entschieden. Ich habe mich informiert, welche Teilbereiche des Marketings es gibt. Dabei bin ich auf den, mir bis dahin noch völlig unbekannten Begriff „Neuromarketing" gestoßen. Ich recherchierte im Internet und informierte mich über diesen Begriff. Dabei entdeckte ich, dass beim Neuromarketing interessante Fakten über das Konsumverhalten der Kunden erforscht werden. All diese werden in Zusammenhang mit dem Gehirn gebracht, wodurch sich unterschiedliche Kaufvorgänge beeinflussen lassen. Diese Thematik erwies sich mir als äußerst spannendes, interessantes, dennoch auch passendes Thema für meine Seminararbeit.

Schließlich ist es mehr als wichtig zu wissen, wie man sein Produkt am besten vermarktet und mit welchen Tipps und Tricks sich der Konsument beeinflussen lässt, genau unser Produkt zu kaufen. Ich suchte nach Büchern und stieß dabei auf das Buch „Neuromarketing" von Hans Georg Häusel. Zudem recherchierte ich nach Professoren, welche sich mit dem Thema Neuroökonomie/ Neuromarketing befassen. Dabei entdeckte ich einen Filmausschnitt [1], in welchem Christoph Berndt das Thema Neuromarketing erklärte. Daraufhin schrieb ich Herrn Berndt eine Email und bekam überraschenderweise schnell eine Antwort auf die Frage, ob er mir einen Buchtipp hätte. Er bot mir an, mir sein eigen geschriebenes Buch „Benchmarken" kostenlos zuzusenden. Dieses Angebot nahm ich selbstverständlich gerne an.

In meiner Seminararbeit möchte ich zuerst einmal grundlegend erklären, worum es sich bei dem Begriff „Neuromarketing" überhaupt handelt, danach möchte ich etwas näher auf die Marktforschung eingehen, unterschiedliche Marketingmaßnahmen benennen und ganz am Ende des Hauptteils Neuromarketing in der Praxis darstellen.

---

[1] https://www.youtube.com/watch?v=X2E9NvBgEl8

2. Hauptteil

2.1 Was ist Neuromarketing?

Sucht man im Internet nach Definitionen von Neuromarketing findet man Definitionen wie diese: „ […]eine Kombination aus neurowissenschaftlichen Erkenntnissen und dem traditionellen Marketing" [2].Oder „ […]die Anwendung des neuroökonomischen Ansatzes im Rahmen absatzwirtschaftlicher Fragestellungen […] "[3]. Unter solchen Definitionen kann man sich als „Nicht-Professor" kaum etwas vorstellen. Erst beim genaueren Hinsehen und Nachlesen versteht man, dass es sich bei Neuromarketing um eine Vertiefung des Marketings handelt, in welcher Erklärungen dafür gesucht werden, warum Menschen wirklich kaufen. Man stellt sich die grundlegende Frage: Was bewegt Menschen eigentlich zum Kaufen?

Neuromarketing ist ein Teilbereich der Neuroökomomie und umfasst Erkenntnisse der Evolutions- und Wirtschaftswissenschaften, der Psychologie, aber auch der Hirnforschung. Um festzustellen, wie Kauf- und Wahlentscheidungen im menschlichen Gehirn ablaufen, werden Methoden wie die Elektroenzephalografie und die funktionelle Magnetresonanztomografie verwendet. Diese werden dann mit psychologischen Methoden, wie der Blickfrequenzmessung kombiniert. Im Neuromarketing wird also „ […] mit dem Einsatz von apparativen Verfahren der Hirnforschung zu Marktforschungszwecken […]"[4] gearbeitet. Die dabei neu erfassten Erkenntnisse werden dann in die Marketingpraxis integriert. Viele Firmen nutzen diese neuartigen Erkenntnisse. Ziel dabei ist es, „ […] den Markennamen, das Image und die eigenen Produkte positiv in der Kommunikation hervortreten zu lassen."[5]

Neuromarketing ist derzeit eine noch sehr junge Disziplin. Doch konnte durch Neuromarketing schon der Mythos des bewussten Konsumenten aufgedeckt werden. Mit Hilfe technischer Verfahren konnte man feststellen, dass der unbewusste Anteil an Entscheidungen um ein vielfaches größer ist, als der bewusste Teil. Diesem Phänomen liegt zugrunde, dass beim Nachdenken 20 Prozent der Körperenergie benötigt wird. Bei intuitiven Entscheidungen hingegen nur zwei Prozent. Dies hat zur Folge, dass wir häufiger intuitive Entscheidungen treffen. Durch diesen höheren Energieverbrauch wird der Mensch kritischer und führt zu einer geringeren Zufriedenheit des Menschen. Da bei intuitiven Entscheidungen die Zufriedenheit steigt, treffen wir die

---

[2] https://www.absolventa.de/jobs/channel/marketing/thema/neuromarketing-definition
[3] https://de.wikipedia.org/wiki/Neuromarketing
[4] Häusel, Hans-Georg: Neuromarketing. Freiburg, 3. Auflage 2014, S. 15
[5] Nufer Gerd, Wallmeier Miriam: Neuromarketing ESB Business School, S.1 ff

meisten unserer Entscheidungen unbewusst, und nicht wie der Konsument behauptet bewusst (siehe ausführlich im Punkt 3.4). Der zweite Mythos, welcher durch das Neuromarketing aufgedeckt werden konnte war, der Mythos des rational handelnden Konsumenten. Beide Mythen sind eng miteinander verbunden. So merkt man auch beim zweiten Mythos, dass jede unserer Kaufentscheidungen von Emotionen geprägt ist. Hierbei arbeitet unser Gehirn mit einem impliziten und einem expliziten System (siehe ausführlich im Punkt 3.4 Neuromarketing in der Praxis). Durch diese Erkenntnisse entstehen Diskussionen über die Einflüsse von Gefühlen und Verstand im Einkauf, mit welchen sich das Neuromarketing auseinandersetzt.

Neuromarketing stammt eigentlich aus der Neuroökonomie und ist eine jüngere Disziplin. Erste Untersuchungen wurden bereits Ende der neunziger Jahre durchgeführt. Als wahre Geburtsstunde des Neuromarketings bezeichnet man aber das Jahr 2002. Damals sorgten Untersuchungen in den USA für Schlagzeilen. Daraufhin gab es heftige Proteste. Es fielen Begriffe wie „das Zeitalter des gläsernen Konsumenten".[6] Erst 10 Jahre später beruhigte sich der Hype und die neue Disziplin wurde nun etabliert. Aber auch jetzt nach über 10 Jahren hat der Begriff „Neuromarketing" für viele noch etwas Mystisches, Geheimnisvolles und teilweise auch Verwerfliches. Denn wird durch Neuromarketing unsere einzige Konstante, das Gehirn manipuliert?

2.2 Die Markenforschung

Neuromarketing gibt es nun seit mehr als 10 Jahren in der Marktforschung. Es werden unterschiedliche Studien dazu durchgeführt. All diese sind aber voneinander unabhängig, da überall auf der Welt unabhängig voneinander geforscht wird. Alle Studien folgen zunächst keiner expliziten Strategie. Stattdessen wurden isolierte Teilprobleme unterschiedlicher Forscher weltweit erforscht. Das Ergebnis war, dass es kein spezifisches Markenareal im Gehirn gibt. Die unterschiedlichen Studien, vor allem die von Deppe et al. (2005) und McClure et al. (2004) hatten eine „[...] hohe Bedeutung der Emotionalisierung für den Markenerfolg"[7]. Sie kamen zu dem Ergebnis, dass Pro Konsument und Warengruppe nur eine Marke in der Lage ist Entscheidungsprozesse zu emotionalisieren. Daraus entstand die Frage, „ob die [Verbindung] zweier Hirnareale einen Hinweis darauf geben können, wie stark die diesen Hirnarea-

---

[6] Häusel, Hans-Georg: Neuromarketing. Freiburg, 3. Auflage 2014, S.11
[7] Häusel, Hans-Georg: Neuromarketing. Freiburg, 3. Auflage 2014, S.26

len inhärent kognitiven und affektiven Funktionen miteinander verbunden sind"[8]. Entscheidungen können nur gefällt werden, bevor über eine Marke wirklich nachgedacht wurde. Bisher noch unklar in der Marktforschung ist, wie die Marke im Gehirn konkret entsteht beziehungsweise wie eine Marke bei uns im Gehirn gebildet wird. Zudem ist noch unklar, wie effizient die einzelnen denkbaren Instrumente zum Markenaufbau beitragen. Aber „wie lernt unser Gehirn, gegenüber einer bestimmten Marke loyal zu sein?" [9] Ein wichtiger Ansatzpunkt hierfür ist die lerntheoretische Basishypothese. Nach dieser Hypothese wird das menschliche Verhalten durch Anstreben von Belohnungen und Vermeidungen von Bestrafungen bestimmt. Damit lässt sich neurobiologisch begründen, wie Marken durch Werbung emotional aufgeladen werden können und Markenloyalität aufbauend auf Belohnungserfahrungen entsteht. Daraus lässt sich folgern, dass Marken nicht durch Anbieter, sondern durch den Kunden gelernt und im Gehirn oft unbewusst gebildet werden.

2.3 Marketingmaßnahmen

Die Frage, welche Aspekte der Neuroökonomie in eine Produktbewertung oder in eine Kaufentscheidung mit einfließt, ist für das Marketing und für die Firmen relevant. Neuromarketing versucht genau aus diesem Grund indirekt den Konsumenten bei seinen Kaufentscheidungen zu manipulieren. Alle neurowissenschaftlichen Fragen können heutzutage auf die Fragen des Konsumverhaltens übertragen werden. Das Wissen über das menschliche Belohnungssystem und seine Auswirkungen auf die Motivation für das menschliche Handeln ist dabei von großer Relevanz. Das menschliche Gehirn verlangt nach Belohnung. Dies entdeckten Amerikanische Wissenschaftler bereits 1954. „Verantwortlich dafür ist das Mesocortikolimbische Belohnungssystem, ein weit verzweigtes Netz aus Hirnarealen und Neuronen." [10] Das Belohnungssystem des menschlichen Körpers beziehungsweise Gehirns funktioniert wie ein Schaltkreis: Zuallererst entsteht in ein Verlangen. Geht der Konsument diesem Verlangen nach, gehen Signale an das limbische System und den Hippocampus. Zuletzt wieder an die Großhirnrinde als Rückmeldung, dass der Befehl ausgeführt wurde.

---

[8] Häusel, Hans-Georg: Neuromarketing. Freiburg, 3. Auflage 2014, S.26
[9] Häusel, Hans-Georg: Neuromarketing. Freiburg, 3. Auflage 2014, S.27
[10] https://www.dasgehirn.info/denken/motivation/schaltkreise-der-motivation-986

Einer der wichtigsten in diesem System ist das Dopamin. Dopamin ist ein sehr wichtiger Botenstoff des Nervensystems. Es erstellt Verlangen und Belohnungserwartung und ist damit ein wichtiger Motivator für den Konsumenten. Das Belohnungssystem des Menschen wandelt sich aber im Laufe des Lebens, wodurch sich das unterschiedliche Kaufverhalten erklären lässt. „Eine Studie von Jessica R. Cohen von der University of California in Los Angeles etwa zeigte, dass junge Menschen in der Pubertät besonders viel Dopamin in ihrem Striatum ausschütten, wenn sie riskante Handlungen erfolgreich abschließen. Dies motiviert sie dazu, ähnliche Situationen erneut zu suchen […]" [11]

Der größte Gewinn beim menschlichen Belohnungssystem ist nicht nur das tatsächliche Verhalten des Konsumenten, sondern auch die Prozesse hinter seinem Handeln können erfasst werden. Somit hat die Konsumentenforschung also zwei bedeutende Aspekte: Das Verständnis des Konsumentenverhaltens und dessen neuropsychologischen Grundlage, sowie die Vorhersage des Verhaltens und der Wirksamkeit der Kampagnen und der tatsächlichen Erfolg von Produkten.

Genauso wichtig wie das Wissen über das menschliche Belohnungssystem ist zu wissen, dass das Gehirn über keinen spezifischen Kaufentscheidungsmechanismus verfügt. Das Gehirn verwendet zum Lösen marketingrelevanter Probleme mehr oder weniger generelle und zum Teil sehr alte Entscheidungsstrukturen, die allerdings überaus komplex sein können. Die Informationsverarbeitung im Gehirn wird heutzutage immer noch als ein gleichzeitig seriell und parallel ablaufender Prozess der Aktivierung multifunktionaler, eng miteinander verschalteter neuronaler Netzwerke verstanden. Dies führt dazu, dass kleine Bereiche des präfortalen Kortex, welche auch für Emotionsregulationen wichtig sind eine bedeutsame Rolle spielen. Kaufentscheidungen werden nach einer Studie von Knutson et al. „[…] als Ergebnis einer konkurrierenden Impulsverarbeitung und –Generierung aus Aktivierungen der Insula und des Nucleus accumbens im präfrontalen Kortex verstanden."[12] Eine ergänzende Studie von Deppe et al. Zeigt, dass vier Impulse für das Kaufverhalten bedeutend sind: Der der, Produkt beigemessene Belohnungswert, der in Kaufentscheidungen empfundene Preisschmerz, die Integration dieser beiden Impulse in der präfrontalen Struktur des Gehirns, sowie die moderierenden Faktoren wie Referenzpreise und Rahmenbedingungen. Diese Erkenntnisse sind sehr wichtig um das Kaufverhalten bzw. das Auswahlverfahren des Konsumenten zu erklären und nachzuvollziehen.

---

[11] https://www.dasgehirn.info/denken/motivation/schaltkreise-der-motivation-986
[12] Häusel, Hans-Georg: Neuromarketing. Freiburg, 3. Auflage 2014, S.31

Unklar ist aber immer noch, ob die gewonnenen Daten der Hirnbildung das Kaufverhalten besser erklären oder vorhersagen können als klassische Methoden, wie die Umfrage oder verschiedene Befragungen von Kunden. Zudem ist noch unklar, welche neuralen Prozesse mit der Wirkung einer Markeninformation verbunden sind.

2.4 Neuromarketing in der Praxis

Marketingmaßnahmen beeinflussen die Wahrnehmung von Produkten. Dies zeigte eine Studie von Hilke Plassmann. In dieser Studie wurde durch Preisauszeichnungen die Wahrnehmung von Produkten verändert. Hilke Plassman „[…] bat [sie] ihre Studienteilnehmer zu einer besonderen Weinprobe."[13] Sie bat ihren Probanden, während diese in einem Kernspintomografen lagen, drei unterschiedliche Weinsorten zur Verkostung an. Die Weine wurden zu fünf unterschiedlichen Preisen angeboten. Der günstigste Wein wurde einmal als fünf Dollar Wein und als 35 Dollar Wein angeboten, die anderen Weine zu 10- und 90- beziehungsweise zu 20 Dollar. Das Ergebnis der Studie war, dass die Wahrnehmung des Weins allein durch den höheren Preis beeinflusst wurde. Der Wein mit einem höheren Preis wurde lieber getrunken, obwohl es sich um den gleichen Wein handelte. Deutlich zu erkennen ist hierbei, dass Emotionen die wahren Entscheider in unserem menschlichen Gehirn sind. Fragt man den Konsumenten, ob er seine Entscheidung bewusst, rational oder emotional getroffen hat, antwortet dieser meist: zu 100% bewusst. „Die Erkenntnisse der modernen Gehirnforschung zeigen: Das, was das Konsumenten-Ich handelnd oder denkend als freie und bewusste Entscheidung erlebt, ist oft nichts weiter als eine „Benutzerillusion"." [14] In Wahrheit werden die meisten Entscheidungen unbewusst und durch Emotionen gesteuert getroffen. Je stärker die Emotionen sind, die von einem Produkt aus gehen, desto wertvoller ist dieses bestimmte Produkt für den Konsumenten und desto mehr Geld würde der Kunde dafür ausgeben. Emotionen zeigen sich im Unterbewusstsein oft als Gefühle auf. Durch die Feststellung, dass es keine rein rationalen Prozesse im Gehirn gibt, fanden Forscher heraus, dass wir Menschen in Wirklichkeit gar keine rechte und linke Gehirnhälfte gibt, sondern beide Gehirnhälften mit über 200 Millionen Nervenfasern miteinander verbunden sind. Beide Hälften enthalten

---

[13] http://discover-neuro.de/alter-wein-neuen-schlauchen-preise-als-qualitatsmerkmal/
[14] Häusel, Hans-Georg: Neuromarketing. Freiburg, 3. Auflage 2014, S.56

emotionale und kognitive Hirnstrukturen. Für das Marketing bedeutet dies, dass bei Marken und Marketingmaßnahmen auf die drei großen Motivfelder im Gehirn geachtet werden sollte. Das Bedürfnis nach Sicherheit, nach Erregung und nach Autonomie. Außerdem existieren starke und schwache Marken in unserem Gehirn. Bei starken Marken im Gehirn kommt es zu einer so genannten „kortikalen Entlastung"[15]. Sobald ein Mensch seine Lieblingsmarke sieht, reduzieren sich die Hirnareale zum Nachdenken und die Areale, welche für intuitive-, kognitive- und emotionale Entscheidungen beziehungsweise Prozesse werden aktiviert. Die Ursache dafür, dass wir öfter intuitive Entscheidungen treffen liegt darin, dass wir für intuitive Entscheidungen nur 2 Prozent unserer Körperenergie benötigen. Zum Nachdenken hingegen benötigen wir 20 Prozent an Körperenergie. Durch den höheren Energieverbrauch wird der Mensch immer kritischer und somit immer unzufriedener. Aus dieser Erkenntnis lässt sich folgern, dass intuitive Entscheidungen mehr Zufriedenheit in unserem Körper auslösen. Dieser sogenannte „kortikale Effekt" [16] funktioniert aber nur bei unserer Lieblingsmarke nach dem einfachen „the winner takes it all-Prinzip"[17]. Die Reaktion des Konsumenten auf starke Marken ist aber kein Zufall, denn das Konsumentenhirn besteht grundlegend aus zwei Systemen: Dem impliziten und dem expliziten System. Das implizite System wird im Marketing als der „Autopilot"[18] bezeichnet. Dieser läuft weitgehend unbewusst ab. Er ist zuständig für Sinneswahrnehmungen, Emotionen, spontanes Verhalten, Assoziationen und regelt das Erlernen von Markenbotschaften. Der Autopilot verarbeitet 95 Prozent der Botschaften, die von einer Marke aus gehen. In ihm sind zudem alle positiven Erfahrungen abgespeichert. „Das unbewusste läuft in seinen Vorgängen absolut eigenständig."[19] Das explizite System wird in der Fachsprache des Neuromarketings als „Pilot"[20] bezeichnet. Dieses handelt eher seriell das heißt es verarbeitet, analysiert, denkt und plant. Der Pilot ist für die schweren, bewussten Dinge zuständig. Zudem verlässt sich der Pilot eigentlich die ganze Zeit auf den Autopilot ohne genau zu wissen, was in ihm eigentlich vorgeht. Kurz und knapp: Das Bewusstsein bekommt die Abläufe im Unterbewusstsein gar nicht mit. Eine, aus diesen Erkenntnissen resultierende Frage ist, warum ein so großer Anteil an Informationen unbewusst verarbeitet wird. Diese Frage

---

[15] Scheier Christian,Neuromarketing-über den Mehrwert der Hirnforschung für das Marketing, S.306
[16] Scheier Christian,Neuromarketing-über den Mehrwert der Hirnforschung für das Marketing, S.306
[17] Scheier Christian,Neuromarketing-über den Mehrwert der Hirnforschung für das Marketing, S.306
[18] https://cebus.net/kde/neuromarketing-auf-der-suche-nach-dem-kaufknopf-im-gehirn_10056.htm
[19] Vgl. Raab/Gernsheimer/Schindler, 2009, S.214f.
[20] https://cebus.net/kde/neuromarketing-auf-der-suche-nach-dem-kaufknopf-im-gehirn_10056.htm

ist einfach zu beantworten und hat mehrere Gründe. Zum einen geht die Verarbeitung in unserem Unterbewusstsein viel schneller, als die im bewussten Zustand. „Ein anderer Grund ist die [oben bereits genannte] Energieeffizienz des Unterbewussten"[21]. Mit diesen Erkenntnissen lässt sich das Phänomen der bekannten Fragebögen lüften. Kunden werden zu ihrem Einkauf befragt und sollen erklären, warum sie welches Produkt gekauft haben. „Der Kunde soll also bewusst über seine Emotionen Auskunft geben, die aber unbewusst in ihm vorherrschen."[22] Das Bewusstsein möchte natürlich einen Sinn für seinen eben getätigten Einkauf haben, daher erfindet es eine Begründung, warum der Konsument so gehandelt hat. Dem Konsumenten bleibt also verborgen, dass Werbung und sonstige Informationen aus der Außenwelt schon lange im Gehirn abgespeichert und für sie unbewusst abgerufen worden sind. Das Bewusstsein erfindet also eine passende Erklärung, die für den Kunden logisch erscheint, obwohl „die unbewussten Abläufe die [eigentliche] Regie" [23]führen (vgl.M2 Abb. 5 Im Anhang). Für das Marketing bedeutet dies, dass effektive Markenaktivitäten nicht nur ausschließlich auf Kundenbefragungen basieren sollten, da die Antwort nur das wiederspiegelt, was der Kunde von seiner Kaufabsicht hält.

Viele Unternehmen nutzen diese Erkenntnis in Verbindung mit dem sogenannten „Priming Effekt". Unter Priming versteht man: „[…] die unbewusste Aktivierung von Assoziationen in unserem Gedächtnis, die zu einer manipulierenden Verhaltensreaktion…" [24] führt. Auswirkungen auf das Marketing eines Unternehmens hat dies im Sinne davon, dass beispielsweise ein Werbeplakat, welches kurz vor dem Einkauf wahrgenommen wird, mehr Wirkung entfaltet, als ein Werbespot vom Vorabend. „Der Werbespot ist eher dazu da, den Weg des Plakates zu bahnen."[25] Entscheidend dabei ist, dass verschiedene Ansatzpunkte der Werbung aufeinander abgestimmt sein müssen, um implizite Abläufe im Konsumentenhirn Wirkung zu zeigen. Durch ein starkes Markenimage kann sich eine Firma also von den anderen abheben. Ein hoher Bekanntheitsgrad der Marke erzeugt Vertrauen im Konsumenten. Durch die emotionale Bindung ist der Kunde schneller bereit diese bestimmte Marke zu kaufen, da er das Risiko minimiert, etwas Falsches zu kaufen. Der sogenannte „Hallo-Effekt" ist ein Phänomen, welchen Einfluss der Markenname beziehungsweise das Image auf die Wahrnehmung beim Kunden hat. Hierzu gibt es das berühmte

---

[21] Vgl. Häusel, Hans-Georg, 2008, S.87 f.
[22] Nufer Gerd, Wallmeier Miriam: Neuromarketing ESB Business School, S.16
[23] Vgl. Häusel, Hans-Georg, 2008, S.91
[24] Laut Raab/Gernsheimer/Schindler, 2009, S.223
[25] Nufer Gerd, Wallmeier Miriam: Neuromarketing ESB Business School, S.17

Beispiel von Pepsi und Coca Cola. Probanden wurden im Blindtest aufgefordert, ein Glas Coca Cola sowie ein Glas Pepsi zu trinken. Ohne die Marke gesehen zu haben bevorzugten 51 Prozent der Probanden Pepsi und nur 41 Prozent Coca Cola. Fünf Prozent waren sich nicht ganz schlüssig. Im zweiten Durchgang wurde den Probanden wieder jeweils ein Glas Pepsi und ein Glas Coca Cola gereicht. Der große Unterschied zum ersten Durchgang war aber, dass die Probanden nun die Markennamen sahen. Das Ergebnis war überraschend. Plötzlich bevorzugten 65 Prozent Coca Cola gegenüber Pepsi (23 Prozent). 12 Prozent war es gleichgültig. Mit diesem Beispiel wird noch einmal sehr deutlich, welchen Einfluss der Markenname auf die Wahrnehmung hat. Für Unternehmen bedeutet dies, dass sie durch einen bekannten Markennamen, verbunden mit qualitativen Werten, ihre Produkte zu einem höheren Preis anbieten können. Selbst wenn die Konkurrenz billiger ist, greifen die Kunden zum teureren Markenprodukt und beachten die ihnen unbekannten Produkte nicht. Konsumenten benutzen die Marke als Orientierungshilfe und entscheiden sich dadurch schneller zum Kauf als bei einer ihnen völlig unbekannten Marke.

Zudem noch wichtig für Unternehmen ist, dass in einem Kundenhirn zu jeder Marke ein Netzwerk mit markenspezifischen Assoziationen und Emotionen abgespeichert ist. (Vgl.M3, Abb. 7 im Anhang). Auf der unteren Ebene dieses Netzwerkes befinden sich die Motive/Emotionen mit dem Balance-, Stimulanz- und Dominanzsystem. Eine Stufe darüber befinden sich die vier Markensignale aus Sprache, Geschichten, Symbole und Sensorik. Diese Signale sprechen den Kunden an. „Je einzigartiger ein Netzwerk einer speziellen Marke ist, desto schneller und einfacher wird eine Kaufentscheidung zu Gunsten der Marke gefällt."[26] Sprachlich kann ein Unternehmen den Kunden mithilfe von Markenkommunikation entweder über das gesprochene Wort oder die geschriebene Sprache erreichen. Diese werden vom Kunden bewusst wahrgenommen und sind explizit, jedoch kann die Bedeutung deren implizit sein. Wird beispielsweise für eine Creme geworben, sollte ein Name, beginnend mit einem weichen Buchstaben, wie M, L und U gewählt werden. So bildet der Klang des Wortes eine perfekte Verbindung zum Produkt und steht sinnbildlich für die Cremigkeit des Produktes. In Bezug auf Neuromarketing zeigt sich, dass der Autopilot im Gehirn im Speziellen auf implizite Bedeutungen der sprachlich vermittelten Codes reagiert. Dadurch fallen Kaufentscheidungen schneller auf Produkte, die zur Situation des jeweiligen Kunden passen. Eine weitere Möglichkeit Kunden anzusprechen, sind Ge-

---

[26] Vgl. Scheier/Held (2008), S.109 f.

schichten. „Viele erfolgreiche Marken haben eine Geschichte zu erzählen."[27] Egal ob eine Geschichte über die Tradition des Unternehmens, wie zum Beispiel der Mönch vom Franziskaner Weißbier- „Zeit für Besondere", oder eine Geschichte über die Qualität des Produktes oder des Unternehmens wie z.b. Bei Lindt, alle diese Geschichten versuchen anhand ihrer Markenkommunikation dem Kunden ihre ganz persönliche Botschaft zu übermitteln. Dabei spielt es keine Rolle ob dies über Werbetafeln, TV- oder Radiospots oder Flyer veröffentlicht wird. Die Geschichte, die den Kunden die Marke näher bringen sollte, sollte möglichst einfach aufgebaut sein, denn das Hirn möchte möglichst energiearm arbeiten. Daher kann es sich einfach aufgebaute Geschichten besser merken. Ein weiterer Punkt des Kundennetzwerkes sind die Symbole. Symbole stehen für Markenlogos, Personen, Schauplätze und vieles weitere. Milka ist ein berühmtes Beispiel zum Einsatz von Symbolen. Egal bei welcher Werbung von Milka ist immer eine grüne Wiese, die schneebedeckten Berge, eine große Milchkanne und die lila Kuh zu finden. „Sofort assoziiert der Betrachter die grüne Wiese und die Berge mit Frische und Reinheit, die Milchkanne mit Tradition und Sorgfalt und die lila Kuh als Markenzeichen von Milka."[28] Milka hat sich also nicht nur ein, sondern mehrere Symbole zu Nutzen gezogen. Der Kunde verbindet diese automatisch mit impliziten, positiven Bedeutungen. Weitere wichtige Symbole, die den Kunden anziehen sind die sogenannten „Sale-" und „Rabatt"- Schilder, das „Bio-„ oder das „Fair Trade"- Logo. Wird ein Produkt, beispielsweise eine Packung Teelichter für vier Euro angeboten, schreckt der Kunde zurück und kauft diese nicht. Werden dieselben Teelichter, versehen mit einem Rabatt Schild ebenso für vier Euro verkauft, kaufen mehrere Kunden diese Teelichter. Unser Gehirn lässt sich also von einfachen Schildern oder Symbolen unbewusst täuschen. Der letzte der vier Codes im Konsumentenhirn ist die Sensorik. Im Moment ist dieser Code auch am meisten angesagt. Mit der Sensorik sollen unsere fünf Sinne Hören, Riechen, Fühlen und Schmecken angesprochen werden. „Werden mehrere Sinne gleichzeitig angesprochen, potenzieren sich die Wahrnehmungen im Kopf und das Markenerlebnis wird am intensivsten erkennbar."[29] Die meisten Produkte werden durch Hören und Sehen vom Kunden abgespeichert. Diese werden dann für die Kunden wieder mit Emotionen verbunden. Ein Beispiel hierfür ist das Hören eines Porschemotors. So wird auch in Supermärkten mit leichter Hintergrundmusik oder Düften zum Kauf verführt. In den

---

[27] Vgl. Lindstrom (2008), S.114 f.
[28] Vgl. Milka (2010) o.S.
[29] Nufer Gerd, Wallmeier Miriam: Neuromarketing ESB Business School, S.25

nächsten Jahren wird in diesen Bereichen noch viel zu erwarten sein, da die Firmen erkennen, wie viel Potenzial hinter der Sensorik aber auch den anderen vier Codes steckt.

4. Fazit

Zusammenfassend kann festgestellt werden, dass Neuromarketing ein sehr umfangreiches und weiterbildendes Forschungsgebiet darstellt, welches jedoch noch am Anfang seiner Züge ist. Beim Thema Neuromarketing gibt es noch viel Kritik insbesondere wird die Frage gestellt, ob unser Gehirn von den Unternehmen und dem Marketing manipuliert wird. Meiner Meinung nach müssen Kunden keine Angst vor dem gläsernen Konsumente und dem „Kauf-Knopf" haben. Das Gehirn reagiert in den meisten Fällen zwar unbewusst und doch ist es für uns als Konsumenten schon fast normal unsere Entscheidungen so zu treffen ohne bewusst Einfluss darauf zu haben. Neurowissenschaftler und Marketingfachleute sollten meiner Meinung nach aber nicht getrennt voneinander forschen, sondern zusammenarbeiten um von ihrem gegenseitigen Wissen zu profitieren. Sie sind jeweils in ihren Disziplinen Spezialisten und ich finde es wäre schade, wenn das Potenzial und das Wissen in Form einer Kooperation nicht genutzt werden würde. Das Thema Neuromarketing sollte ernst genommen werden und die Studien langfristig anlegen und nicht nur zu populärwissenschaftlichen Zwecken verwenden.

Neuromarketing ist ein sehr interessantes Teilgebiet des Marketings und wird der Neurowissenschaften, dem Marketing, sowie der Konsumentenforschung wichtige neue Erkenntnisse und Einblicke liefern. So wird viele Unternehmen geholfen ihre Marke oder ihr Produkt dem Konsumenten richtig zu vermitteln und zu verkaufen.

Anhang:

M1: Marketingpolitische Instrumente

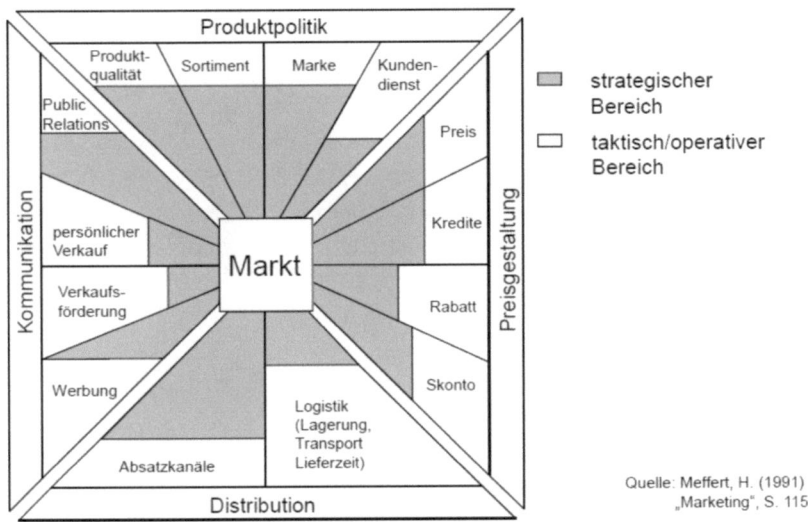

Quelle: Meffert, H. (1991) „Marketing", S. 115

M2: Pilot und Autopilot

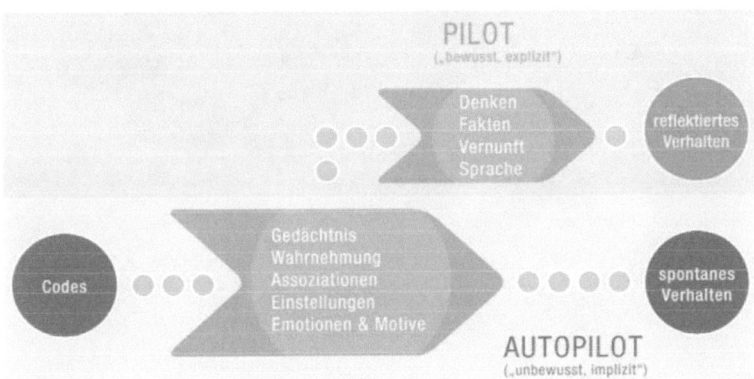

Abb. 5: Der Pilot und der Autopilot
Quelle: Scheier/Held (2007), S. 60

M3: Die vier Codes des Konsumenten

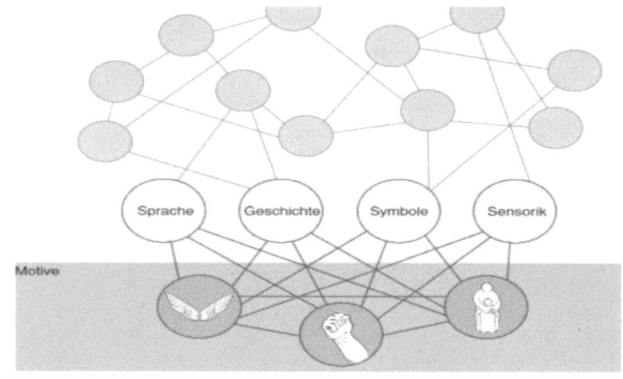

Abb. 7: Markennetzwerk
Quelle: Scheier/Held (2007), S. 139

M4: Die Emotionssysteme im Gehirn

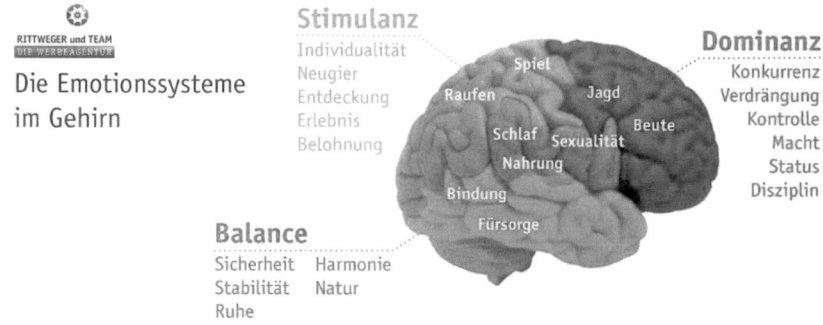

Quelle:
Stoller, Eaven, gatrobuch.ch Regensdorf

Literaturverzeichnis

Göhnermeier, C. (28. 04 2016). *cebus*. Abgerufen am 03. 06 2016 von https://cebus.net/kde/neuromarketing-auf-der-suche-nach-dem-kaufknopf-im-gehirn_10056.htm

Häusel, H.-G. (2014). *Neuromarketing.* Freiburg: Haufe.

Jost, C. (kein Datum). *Absolventa*. Abgerufen am 03. 06 2016 von https://www.absolventa.de/jobs/channel/marketing/thema/neuromarketing-definition

Krämer, T. (01. 01 2014). *dasgehirn.info*. Abgerufen am 03. 06 2016 von https://www.dasgehirn.info/denken/motivation/schaltkreise-der-motivation-986

Martin, L. (2008). *Buyologie.* Paco Underhill.

Nufer, G., & Wallmeier, M. (31. 10 2014). Neuromarketing ESB Business School.

Raab, G., Oliver, G., & Maik, S. (2009). *Neuromarketing-Grundlagen-Erkenntnisse-Anwendungen.* Gabler Verlag.

Scheier, C. (2008). Neuromarketing-über den Mehrwert der Hirnforschung für das Marketing. Wiesbaden.

Wikipedia. (30. 04 2016). Abgerufen am 03. 06 2016 von https://de.wikipedia.org/wiki/Neuromarketing

Wunder, W. d. (Regisseur). (2015). *Neuromarketing* [Kinofilm].

BEI GRIN MACHT SICH IHR WISSEN BEZAHLT

- Wir veröffentlichen Ihre Hausarbeit, Bachelor- und Masterarbeit

- Ihr eigenes eBook und Buch - weltweit in allen wichtigen Shops

- Verdienen Sie an jedem Verkauf

Jetzt bei www.GRIN.com hochladen und kostenlos publizieren